J'aime l'équitation

Apprends à monter au poney club

POUR L'ÉDITION ORIGINALE

Direction artistique de la photographie Lisa Lanzarini
Conception Catherine Saunders
Conseiller au poney club Nikki Herbert
Direction éditoriale Cynthia O'Neill Collins
Édition Alex Kirkham
Directeur artistique Mark Richards
Fabrication Jenny Jacoby et Kate Oliver

Auteur Catherine Saunders
Photographe David Handley

POUR L'ÉDITION FRANÇAISE

Responsable éditorial Thomas Dartige
Édition Marie-Amélie Garo

Traductrice Lise-Eliane Pomier / Atelier Brigitte Arnaud

Édition originale parue sous le titre *Riding school*

ISBN 978-2-07-063464-4

Loi n° 49-956 du 6 juillet 1949 sur les publications destinées à la jeunesse
Dépôt légal septembre 2010
N° d'édition 176142

Photogravure Media Development and Printing, Ltd
Imprimé et relié par Toppan en Chine

L'éditeur remercie les personnes suivantes pour leur autorisation de reproduire leurs photos:
(g=gauche h=haut)
Superstock Ltd./Ron Dahlquist: 34hg.
Toutes les autres images © Dorling Kindersley

J'aime l'équitation

Apprends à monter au poney club

Sommaire

Introduction

i tu aimes les chevaux et si ton rêve st d'apprendre à les monter, ce livre st fait pour toi ! L'équitation est un sport assionnant et très complet, qui te permettra le développer des qualités physiques, mais aussi l'établir une grande complicité avec ta monture t de pénétrer dans le monde merveilleux des hevaux.

L'équipement

Olivia adore les chevaux ! Aujourd'hui, elle va prendre sa première leçon d'équitation, et elle est excitée comme une puce ! Pour monter correctement à cheval, il est indispensable de se sentir à l'aise dans ses vêtements. Avec sa maman, Olivia a acheté tout ce dont elle a besoin. Aujourd'hui, elle a mis un joli polo bleu avec ses nouveaux jodhpurs. Elle est prête pour la leçon.

Les copines

En s'inscrivant au manège, Olivia a fait la connaissance de deux autres élèves, Annie et Alexandra, qui vont suivre les cours avec elle. Elle se sent un peu nerveuse, mais en même temps très impatiente, et elle est ravie d'avoir de nouvelles amies.

Le col du polo protège la nuque d'Olivia.

La tenue de cheval

On appelle jodhpurs les culottes de cheval resserrées au mollet. Une pièce de cuir ou de tissu matelassé renforce le pantalon au niveau des genoux et des mollets.
Une veste à manches longues protège les bras du cavalier.

Veste chaude à manches longues

Polo avec col

Jodhpurs

Bottines de cheval avec semelle souple

Le gilet de protection n'est pas obligatoire, mais pour les cavaliers débutants, c'est une bonne précaution.

Une coiffure rigide appelée bombe protège la tête en cas de chute. Il en existe plusieurs modèles.

Bombe

Gilet de protection

Gants et cravache

Entre deux leçons d'équitation, les chevaux et les poneys sont lâchés dans le pré, où ils peuvent paître et gambader à leur aise.

Le manège

Avant le début du cours, les élèves font la connaissance de leur professeur d'équitation, Linda. Celle-ci leur fait visiter le centre équestre et donne à chacun le nom du poney avec lequel il va apprendre à monter. Ils voudraient déjà y être ! Un autre élève débutant est attendu pour la leçon, mais il est un peu en retard, dommage !

Dans l'écurie, les boxes sont propres et bien tenus. Les chevaux passent la tête à l'extérieur pour voir ce qui se passe, mais les portes sont bien fermées.

La sellerie

On appelle « sellerie » l'ensemble des selles et des harnais, mais aussi la salle où ces équipements sont rangés. Les élèves doivent veiller à ce que tout soit en ordre.

Le manège couvert

Le manège en plein air

Réservé aux débutants

Écoutez bien !

Linda a inscrit sur un registre le nom des élèves et celui de leurs futures montures. Elle explique aux enfants ce qu'il faut faire et ne pas faire pour bien s'entendre avec un cheval ou un poney.

Linda aime beaucoup les chevaux. Elle pense qu'il est très important pour les enfants d'apprendre à les monter, à s'occuper d'eux et à apprécier toutes leurs qualités.

Faisons connaissance

La leçon va bientôt commencer.

Sam, le retardataire, vient d'arriver. Il montera Bertie, qui est un animal très doux. Olivia est ravie à l'idée de monter Vanille, un poney très élégant. Annie aime beaucoup les taches blanches et brunes de la robe de Mercure, la monture qui lui est réservée. Le cheval d'Alexandra s'appelle Farandole, un bien joli nom !

Danny est un poney de petite taille, ce qui convient parfaitement à sa jeune cavalière. Sophie l'adore, elle le trouve très rapide et très courageux.

Une « ancienne »

Sophie n'a que 10 ans, mais elle monte depuis trois ans. Elle sait aller au trot et au galop sur son poney favori, Danny, et même lui faire sauter des obstacles !
Tout à l'heure, elle fera une démonstration de ses talents devant ses camarades.

Cavaliers en herbe

Linda apprend aussi à de très jeunes enfants, comme Tom et Nathalie, par exemple, à se familiariser avec les chevaux. Elle organise pour eux des promenades à dos de poney, qu'elle conduit elle-même par la bride.

Farandole et Alexandra

Vanille et Olivia

Mercure et Annie

Bertie et Sam

Chevaux et poneys

Les chevaux et les poneys sont mesurés en centimètres. On appelle « poneys » les chevaux de moins de 147 cm au garrot. Lorsqu'on pratique l'équitation, il vaut mieux connaître les différentes parties du corps du cheval, pour mieux comprendre les instructions du maître de manège.

Nathalie caresse Vanille sur les naseaux, un endroit particulièrement sensible.

Lorsque Vanille et Farandole sont côte à côte, on voit bien la différence de taille entre un poney et un cheval.

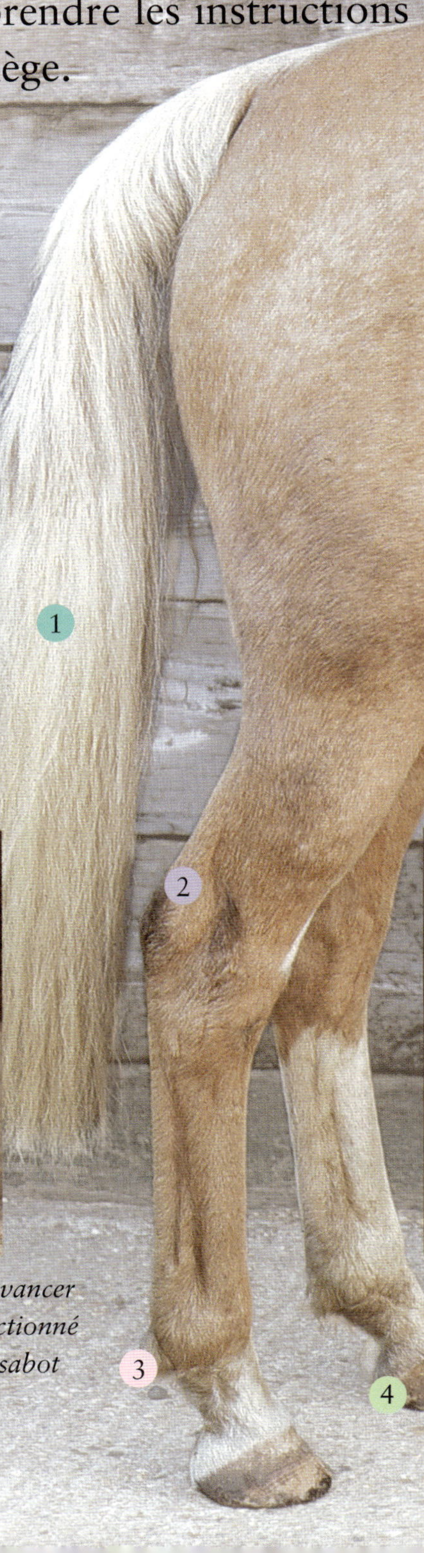

1 Queue

La queue d'un cheval est faite de crins. Comme tes cheveux, elle doit être soigneusement coiffée. On peut même la natter !

2 Jarret **3 Boulet**

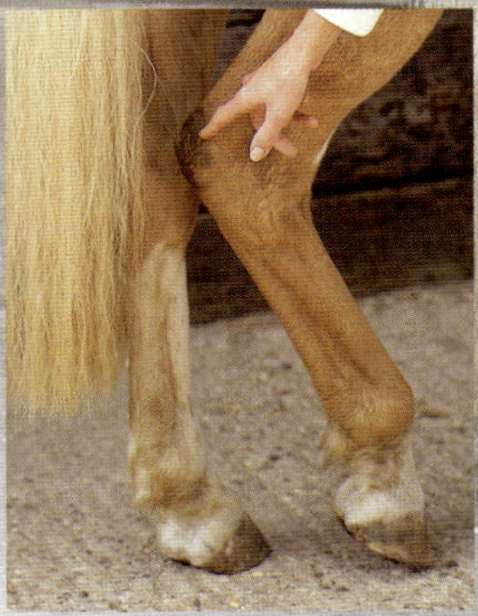

Le jarret se tend pour faire avancer le postérieur. Le boulet est actionné en sens inverse, soulevant le sabot au-dessus du sol.

4 Fourchette

Les sillons de la sole aident le poney à trouver son point d'appui.

9 *Crinière*

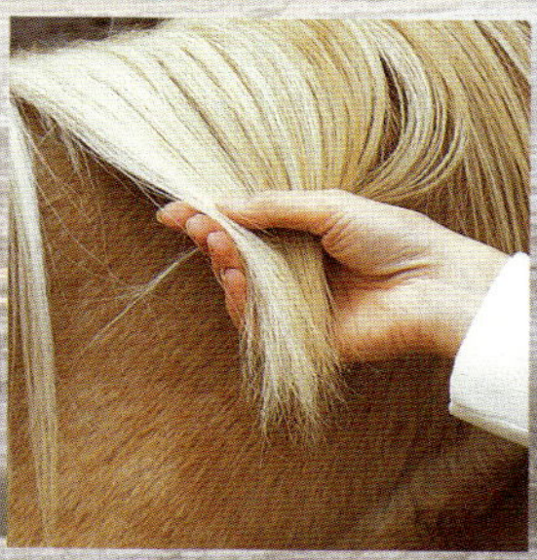

10 *Garrot*

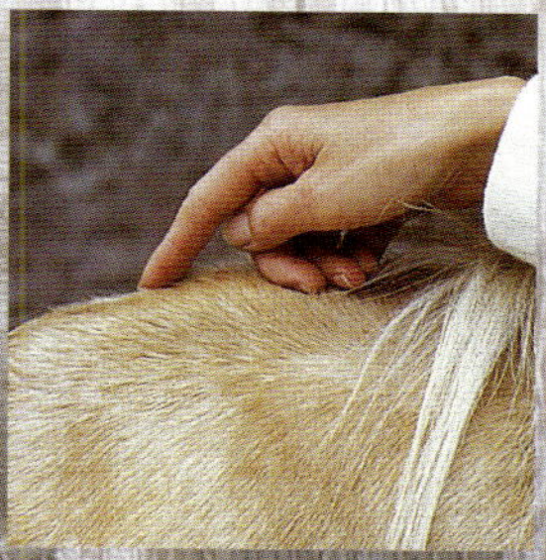

Situé entre les deux épaules, à la base du cou, le garrot est un endroit où le poney aime beaucoup qu'on le gratouille !

La position des oreilles renseigne sur l'humeur du poney ou du cheval. Elles sont pointées vers l'avant, comme ici, chez un animal attentif ou intrigué, fléchies vers l'arrière s'il est fatigué ou inquiet. Si elles sont complètement rabattues, méfie-toi, c'est qu'il est très en colère !

5 *Sabot*

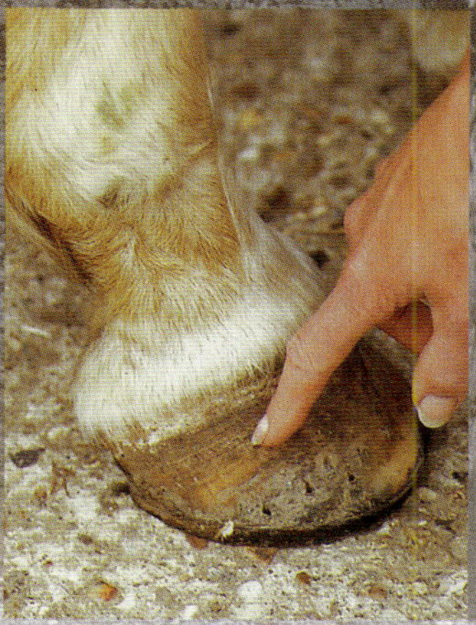

Les sabots sont faits de corne résistante, mais on les protège quand même par un fer.

6 *Épaule* 7 *Coude*

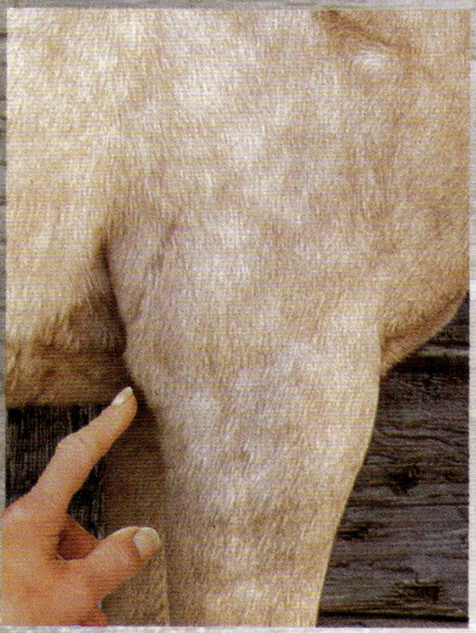

L'épaule et le coude sont des articulations qui permettent les mouvements de l'antérieur (comme le jarret, la boule et le genou pour le postérieur).

8 *Genou*

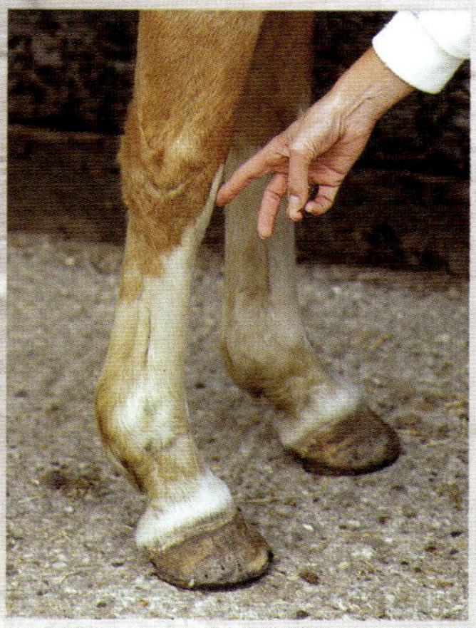

Le genou permet à l'antérieur de se déplacer vers l'avant et vers l'arrière, ce qui est très important au moment d'un saut.

La robe des chevaux

Comète est alezan, ce qui signifie que sa robe est d'un brun roux. Sa crinière et sa queue sont blond doré. Quel cheval magnifique !

La couleur des chevaux est très variable. C'est ce qu'on appelle la robe. Chevaux et poneys présentent aussi diverses taches sur le front ou les jambes, qui portent des noms spécifiques et qui permettent de les différencier facilement les uns des autres.

Artaban

Étoile et pelote

Artaban a une très jolie tête et il semble en être très fier ! La tache blanche qu'il porte au front s'appelle une étoile. Une tache ronde au-dessus des naseaux s'appelle une pelote.

Nala

Liste

Le front et le chanfrein de Nala sont marqués d'une ligne blanche appelée « liste ».

Vega

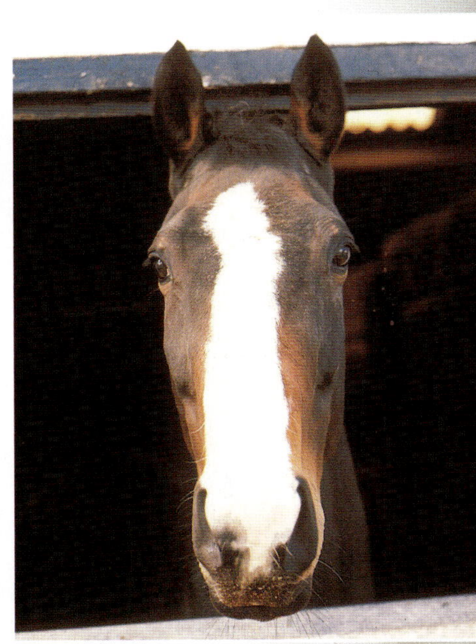

Liste large

La tête de Vega est barrée d'une « liste large ».

Balzanes

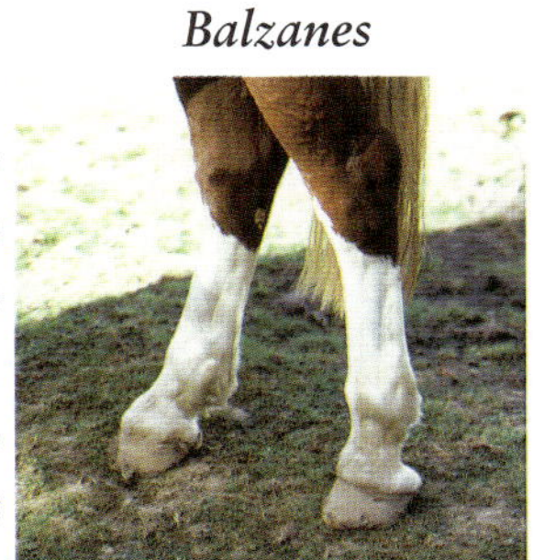

Certains poneys portent des « chaussettes » blanches appelées balzanes. Si la marque monte au-dessus du genou, c'est une « grande balzane ».

Balzanes herminées

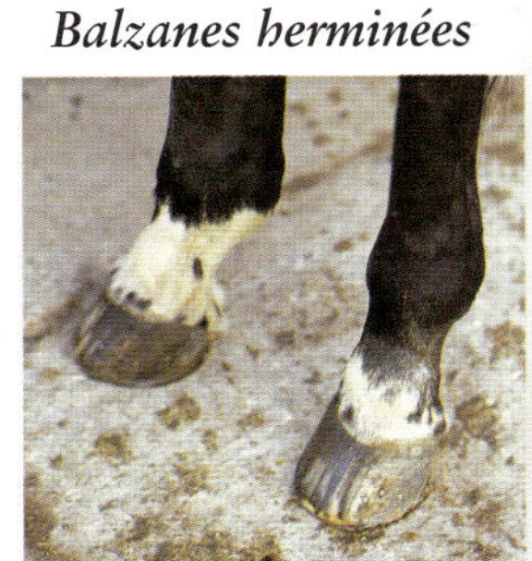

Si la bande blanche est mouchetée de no on parle de « balzan herminée ».

Bertie est gris.

De toutes les couleurs

Il existe plusieurs couleurs de robe chez les chevaux et les poneys, mais les plus courantes sont le bai (brun ou roux à crins noirs) et l'alezan (roux avec des crins cuivrés ou dorés). Il est rare qu'un cheval soit vraiment blanc ; il est le plus souvent gris-bleu, ou isabelle (blanc jaunâtre).

Vanille est palomino (beige à crins très clairs).

Danny est louvet.

Mercure est blanc pommelé.

Sultan est alezan.

Pablo est bai.

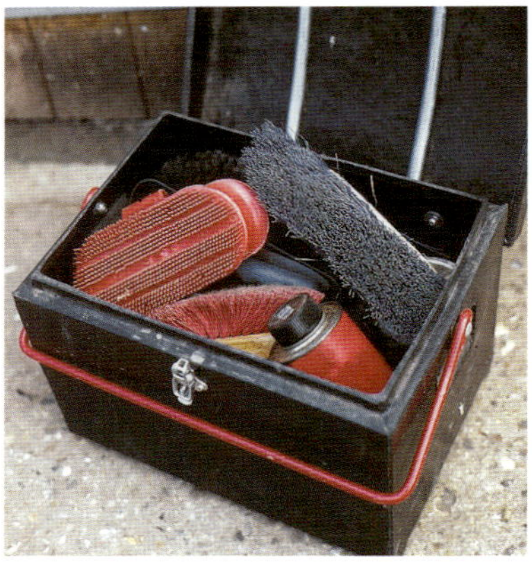

Nécessaire de toilette

Selle

Comment seller un poney ?

Les enfants sont prêts à commencer, mais pas les montures ! Linda explique à ses élèves qu'il faut panser les chevaux et les poneys tous les jours, c'est-à-dire brosser énergiquement leurs poils et graisser leurs sabots, pour qu'ils restent en bonne forme. Ensuite seulement, on peut les seller et les harnacher.

Le harnais

Il est très important de placer correctement la selle et le harnais, de façon à ce que le poney ne soit pas gêné et que le cavalier se sente parfaitement à l'aise. Le mors ne doit pas blesser la bouche, et la selle doit rester bien en place.

Olivia avance la selle de Vanille au niveau du garrot et la redescend au creux du dos.

Ensuite, elle ajuste la sangle sous le ventre du poney, en veillant à ce qu'elle ne soit pas trop serrée.

Linda a montré à Olivia la façon d'installer la bride. Le mors est d'abord placé dans la bouche, puis la têtière glissée derrière les oreilles.

La toilette

Olivia brosse soigneusement le poney sur tout le corps. Linda lui a conseillé de passer la brosse dans le sens du poil. La petite fille a terminé son travail : elle est impatiente d'enfourcher sa monture !

Les sabots antérieurs de Farandole ont été soigneusement graissés. Mais il ne faut pas oublier de graisser aussi ses sabots postérieurs !

Olivia et Vanille sont prêts pour une première leçon. Olivia a coiffé sa bombe et enfilé son gilet de protection.

Les mouvements de base

Le moment de monter Vanille pour de bon est enfin venu pour Olivia. La première chose qu'elle doit apprendre, c'est à monter et à descendre correctement. Il est aussi très important que le cavalier et sa monture se sentent bien ensemble. C'est pourquoi Linda explique à Olivia comment se tenir sur la selle, comment placer ses pieds dans les étriers et tenir les rênes.

La monte et la descente

Olivia se sent un peu nerveuse. Heureusement, Linda lui a expliqué en détail les gestes qu'elle doit faire. Elle a aussi vérifié la tension de la sangle et la position des étriers. Olivia est fin prête.

La monte

1 Place-toi à gauche du poney en tenant les rênes et la crinière de la main gauche. De la main droite, saisis l'étrier pour le rapprocher de ton pied.

2 Glisse ton pied gauche dans l'étrier. Ensuite, tourne-toi face au poney et, de la main droite, attrape le troussequin de la selle. Pousse sur ton pied droit, de façon à soulever le poids de ton corps, pied gauche à l'étrier.

3 Lance ta jambe droite par-dessus la croupe du poney et assieds-toi doucement sur la selle. Pendant ce temps, fais attention à ne pas lâcher les rênes. Glisse ton pied droit dans l'étrier, en t'aidant de la main droite si nécessaire.

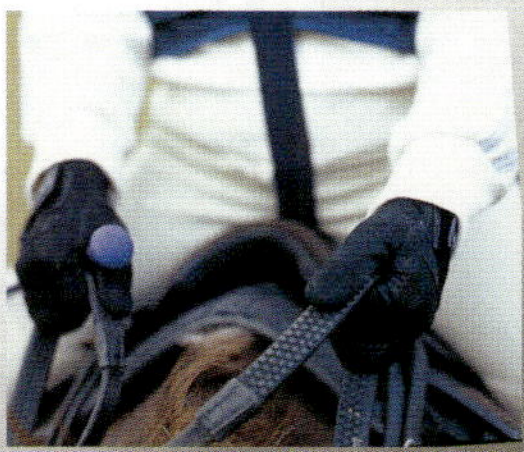

Assure-toi que les rênes ne sont pas tordues et tiens-les fermement, les pouces sur le dessus.

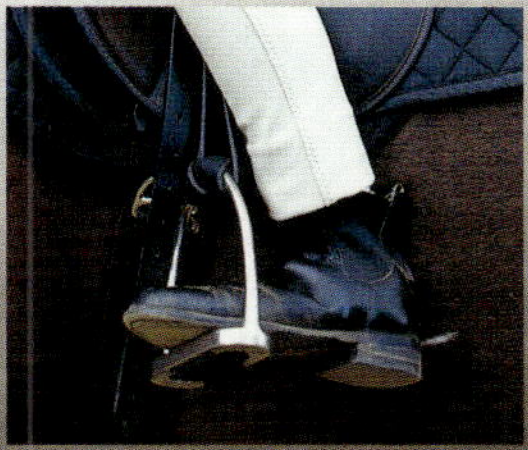

Garde tes pieds dans les étriers, talons en bas.

Olivia reste concentrée, mais elle trouve aussi l'expérience très amusante !

4 Une fois sur la selle, il est indispensable de trouver une position de confort. En tenant les rênes des deux mains, assieds-toi bien droit sur la selle et surtout détends-toi !

La descente

1 Commence par retirer tes pieds des étriers, en tenant les rênes de la main gauche.

2 Penche-toi en avant, et soulève ta jambe droite pour la passer par-dessus la croupe du poney. Laisse-toi glisser, pose sur le sol les deux jambes en même temps, en fléchissant les genoux.

3 Bravo, Olivia tu as réussi ! N'oublie pas de caresser l'encolure du poney, pour le remercier.

L'échauffement

Sam caresse de la main l'encolure de Bertie. Ils deviennent bons amis.

Pour aider les enfants et les poneys à mieux se connaître, Linda leur propose quelques exercices d'échauffement. Olivia, Annie, Alexandra et Sam doivent bien comprendre le comportement de leurs poneys pour les conduire avec calme et efficacité. Un bon cavalier doit être capable de contrôler sa monture de la voix et du geste. C'est ce qu'on appelle les « aides ».

En ligne

Lorsque tous les cavaliers sont en selle, Linda leur demande de se mettre en ligne. Le professeur vérifie la position de chaque élève, et sa façon de tenir les rênes. Les exercices peuvent commencer. Tout le monde à son poste !

Exercices d'assouplissement

Olivia et Sam semblent un peu crispés. Linda leur apprend en quelques gestes à se détendre et à se sentir plus à l'aise sur leur monture.

Toucher ses orteils

Courage, Olivia, tu peux le faire !

Atteindre la queue du poney

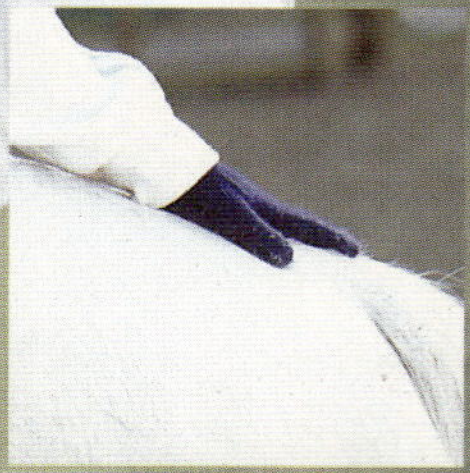

Encore un effort, Sam ! Tu y es presque !

La jambe droite d'abord.

Maintenant, Olivia, l'autre jambe.

Encore une fois, on recommence !

Les jeunes cavaliers tendent la main pour caresser le toupet, partie de la crinière qui se trouve entre les oreilles du poney.

Tournicoti, tournicoton !

Les cavaliers ôtent leurs pieds des étriers. Ils tiennent le pommeau de la selle de la main droite, et le troussequin de la main gauche. Ils soulèvent la jambe droite et la font glisser sur l'encolure, de façon à se retrouver assis à l'envers, face à la queue de leur monture !

Le déroulement de la leçon

Après l'échauffement, les élèves et leur poneys respectifs marchent au pas à travers le manège. Le travail de groupe apprend aux jeunes cavaliers à rester attentifs à ce qui les entoure. Ils doivent obéir aux consignes que leur donne Linda : on avance, on se tient bien droit, on lève bien la pointe des pieds, on tient les rênes... et surtout, on reste bien détendu, et on sourit !

Les repères
Des marques comme celles-ci jalonnent le manège. Elles aident les cavaliers à placer ou à diriger leurs chevaux sans gêner les autres, en fonction des instructions que leur donne leur professeur.

Alexandra et Farandole

Annie et Mercure

1 Pas trop près.

2 Passage en douceur.

Se croiser sans dommages

Annie et Alexandra démontrent ici comment deux cavaliers peuvent se croiser sans se cogner l'un à l'autre. Il est indispensable de ménager un espace suffisant entre les chevaux et de les mener fermement pour qu'ils ne puissent pas faire d'écart.

Cheval de tête

Alexandra chevauche en tête et dirige le groupe. Lorsque Linda demande de changer de direction, Alexandra guide Farandole à l'aide d'une pression de la jambe et en ouvrant les rênes. Les autres suivent.

1 En ligne droite.

2 Alexandra prend la tête.

3 Les élèves tournent.

Olivia et Vanille

Sam et Bertie

Les élèves sont prêts. Ils doivent absolument écouter les instructions de Linda, pour que tout se passe pour le mieux.

Alexandra prend son courage à deux mains : avec l'aide de Farandole, elle se sent prête à affronter le trot !

De plus en plus vite !

Lorsqu'un enfant commence l'équitation, il apprend d'abord à se tenir correctement sur sa selle et à aller au pas. Un peu plus tard, dès qu'il se sent plus sûr de lui, il peut apprendre le trot. Ensuite, il est temps de passer au galop, l'allure la plus rapide d'un cheval.

Le trot

Il existe deux sortes de trots : le trot assis et le trot enlevé. Pour le trot enlevé, il faut se soulever un temps sur deux en suivant l'allure du cheval. Le trot assis demande un bon équilibre, car il faut rester sur sa selle. C'est un bon entraînement pour passer ensuite à l'apprentissage du galop sans risquer d'être désarçonné.

Pour passer du pas au trot, Alexandra s'assied bien sur sa selle, elle tend un peu les rênes et appuie fermement ses mollets contre les flancs de sa monture.

Le trot est une allure à deux temps. Les poneys trottent sur leurs diagonales : l'antérieur gauche et le postérieur droit restent au sol, tandis que l'antérieur droit et le postérieur gauche se soulèvent, et inversement.

Le galop

Montée sur Vega, Linda montre aux enfants comment on galope. Pour faire comprendre à Vega qu'elle veut passer au galop, elle déplace sa jambe gauche un peu en arrière de la sangle qui maintient la selle. En même temps, elle talonne les flancs du cheval. Le galop est une allure à trois temps.

1 Le cheval entame le galop.

2 L'antérieur gauche et le postérieur droit restent au sol. L'antérieur droit se soulève.

Les cavaliers expérimentés participent régulièrement à des concours hippiques. Cette jeune femme en grande tenue s'apprête à présenter une épreuve de dressage, pour faire la démonstration de ses talents et de ceux de son cheval.

Par souci d'élégance, la crinière et la queue de ce cheval sont soigneusement tressées.

« J'adore chevaucher de plus en plus vite ! » Sophie

Sophie aime beaucoup galoper, et elle est impatiente de pouvoir galoper encore plus vite !

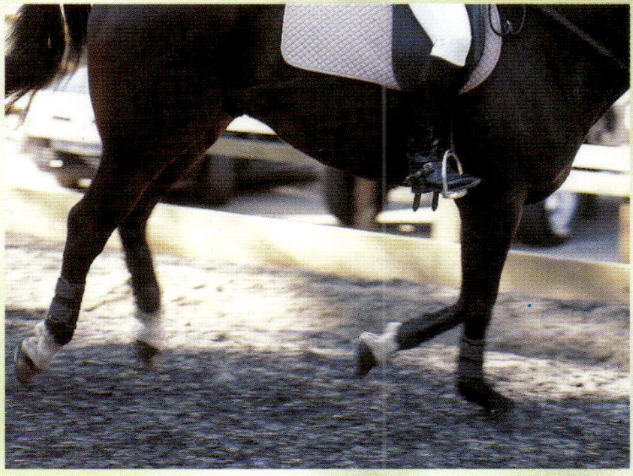

3 Tout le poids de l'animal se porte sur l'antérieur droit.

4 Pendant quelques secondes, les quatre sabots sont en l'air.

Le galop

Lorsque le cavalier maîtrise le galop dans le manège, il peut passer au grand galop, appelé aussi « galop de course ». Le cavalier est alors penché en avant, en suspension sur ses étriers.

Tom, le petit frère d'Olivia, aimerait bien, lui aussi, apprendre à monter à cheval.

Apprendre à aimer les chevaux

L'équitation et la fréquentation des chevaux apportent de grandes joies. Ce sport convient à des gens de tout âge, aux enfants, bien sûr, comme Olivia et ses amis, mais aussi aux adultes. Pour les personnes souffrant d'un handicap, c'est une source de plaisir et une bonne façon de faire de l'exercice. Linda et son équipe veillent à ce que tout se passe bien pour tous les cavaliers, quelles que soient leurs capacités.

Tom et Nathalie

Tom et sa meilleure amie, Nathalie, sont venus voir les chevaux de plus près. Mais Linda leur a réservé une merveilleuse surprise : elle leur propose une promenade à dos de poney !

Cours spéciaux

L'équitation n'est pas un sport réservé à une élite de gens riches et en bonne santé. Des enfants et des adolescents handicapés peuvent tirer grand profit de cette expérience. Il fait un temps splendide, et Cathy se réjouit à l'avance de sa promenade avec Comète !

Cathy ne peut pas monter seule sur un cheval. Elle a besoin d'aide. Deux moniteurs sont là pour l'assister et la rassurer à tout moment.

Olivia présente à son frère quelques-uns des poneys et des chevaux du manège. Tom est impatient de monter un cheval aussi beau que celui-ci, qui se nomme Porthos.

« Je fais du cheval, comme Olivia, et j'adore ça ! »
Tom

Tom et Nathalie sont vraiment très contents ! Ils montent à cheval comme les grands. Mais Linda dirige Danny et Vanille à l'aide de grandes longes, pour que les enfants ne courent aucun risque.

« Chevaux et poneys adorent courir et gambader en toute liberté dans le pré. C'est un spectacle magnifique. »

Linda

Le saut d'obstacles

Pour aborder le saut d'obstacles, le cavalier doit sentir qu'il ne fait plus qu'un avec sa monture. Pour réussir le saut d'obstacles, les facteurs les plus importants sont la confiance en soi, l'équilibre, et surtout une parfaite entente entre le cavalier et son cheval. Sophie est donc très fière lorsque Linda lui annonce qu'elle est une cavalière assez chevronnée pour apprendre cette discipline.

Deux obstacles classiques : la palanque et la haie barrée.

Barres de saut

Pour commencer, Sophie passe au pas ou au trot par-dessus des barres simplement posées au sol, pour s'habituer aux mouvements de sa monture et apprendre à garder l'équilibre.

Selle de saut

Le premier saut

Sophie est prête pour son premier saut. Les poneys sont habitués à ce genre d'exercice, et ils sautent les obstacles de façon naturelle. Tout ce que Sophie doit faire de son côté, c'est conduire le poney au petit galop vers l'obstacle, et adopter une position correcte lorsque le poney s'élance. Après le saut, Sophie flatte l'encolure de Danny pour le féliciter de sa performance.

Sophie se penche en avant, le dos bien droit, la tête levée, et porte tout son poids sur ses étriers.

e fais entièrement confiance à Danny, il adore sauter ! »

Sophie

Le refus

Si ton poney refuse de sauter, ne t'inquiète pas ! Tout le monde a ses faiblesses, à un moment ou à un autre. Un jour, c'est toi qui tomberas, comme tous les cavaliers, même les plus doués !

Danny refuse l'obstacle.

Le steeple

Le steeple, ou steeple-chase, est une épreuve hippique qui comporte toutes sortes d'obstacles : des haies, des palanques, des barrières, des murs, et même des fossés remplis d'eau, qu'on appelle des rivières.

Le style western

Olivia et ses camarades, comme la plupart des enfants, apprennent à monter à cheval de manière classique. Le style western est un mode d'équitation un peu différent, qui a beaucoup d'adeptes dans le monde pour son caractère acrobatique et spectaculaire. Il est pratiqué par les cow-boys et les gauchos du continent américain, ou les gardians de Camargue, qui conduisent des troupeaux sur de longues distances sans descendre de leur cheval.

Le costume

Comme dans les westerns, les cow-boys portent des pantalons de cuir et un chapeau à larges bords appelé Stetson, pour se protéger du vent et du soleil. Cette tenue traditionnelle ajoute au pittoresque des fêtes et des rodéos.

L'équipement

Il y a quelques différences entre équitation classique et style western au niveau de l'équipement. La selle des cow-boys est nettement plus incurvée, avec un pommeau et un troussequin plus important. La bride est munie d'un mors en arc de cercle. Les rênes, plus longues, sont tenues de façon plus lâche.

Selle western

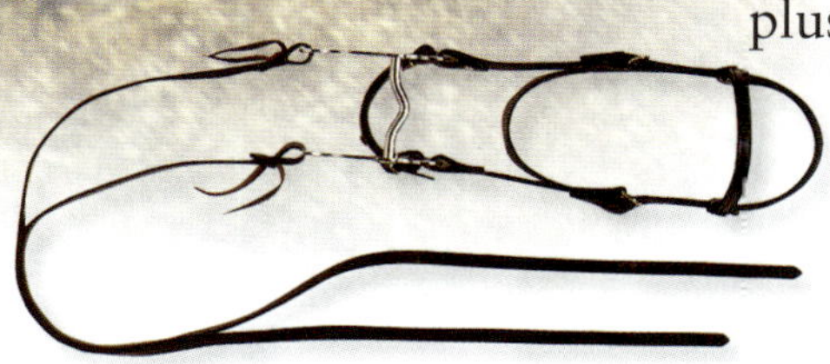

Bride western

Les étriers sont réglés plus bas, de façon à ce que les jambes du cavalier soient plus droites, ce qui est moins fatigant durant les longs trajets.

Le cow-boy se sert très peu des rênes. Si c'est le cas, il les tient généralement d'une seule main, l'autre main étant occupée, par exemple, à tenir le lasso.

Voici Patrick et son cheval, Artaban. Au manège de Linda, ils apprennent ensemble le style western. Olivia et ses amis sont très intéressés par le spectacle !

Démonstration

Les élèves constatent de leurs propres yeux que le style western diffère des usages qu'on leur inculque.
Les aides fournies par les jambes du cavalier ne sont pas les mêmes, et les rênes, la plupart du temps, sont simplement appuyées sur l'encolure du cheval pour lui indiquer la direction à prendre.

Lorsque Patrick lui propose de monter son cheval, Alexandra est fière. Elle a très envie de pratiquer un jour le style western, mais elle sait qu'elle doit d'abord maîtriser de façon parfaite l'équitation classique.

Olivia est impatiente de monter Vanille à travers la campagne et de montrer ses nouvelles compétences.

La promenade

Olivia a beaucoup de chance : le centre d'équitation est situé en pleine campagne, au milieu de magnifiques paysages. Après quelques leçons, les élèves sont assez sûrs d'eux pour que Linda envisage d'organiser une promenade à l'extérieur sans compromettre leur sécurité. Les enfants sont ravis, mais en même temps un peu inquiets, car ils savent qu'ils devront respecter des règles de prudence plus strictes en dehors du manège.

La balade

Hors du manège, Linda et ses élèves chevauchent sur des sentiers spéciaux appelés « allées cavalières ». Les enfants s'efforcent de ne pas s'éloigner de leur professeur : Linda leur signale les obstacles possibles, branches basses ou souches d'arbres qui pourraient effrayer les poneys ou les faire trébucher. Mais il faut quand même respecter une distance raisonnable entre les montures, qui ne doivent pas se gêner mutuellement.

Un groupe de jeunes cavaliers doit toujours être accompagné d'un cavalier expérimenté.

Les barrières

Alexandra montre à ses camarades comment ouvrir et refermer une barrière sans descendre de cheval. Elle invite Farandole à se placer le long de la barrière et prend les rênes dans une seule main. Puis elle se penche pour ouvrir la barrière. En serrant les genoux, elle fait pivoter le cheval et passe la barrière. Ensuite, elle change les rênes de main et referme la barrière.

Il est important de ne pas laisser les barrières ouvertes dans les champs, car le bétail pourrait s'échapper.

C’est amusant de partir
balade. Vanille adore se
omener dans les bois. »
Olivia

Les règles de sécurité

Les cavaliers doivent être particulièrement prudents à l’extérieur. S’ils comptent emprunter des routes carrossables, ils doivent porter un gilet fluorescent qui les signale à l’attention des automobilistes.

Après la promenade, les chevaux ont besoin de repos. Vanille rejoint Danny et Bertie dans l’enclos.

Il faut d'abord desseller le poney, c'est-à-dire retirer la bride et la selle. Olivia fait attention à ne pas lâcher la selle, même si elle est un peu lourde.

Le pansage

La leçon est finie, mais le travail des élèves ne s'arrête pas là. Il faut encore panser les chevaux, les desseller et les bouchonner vigoureusement pour débarrasser leur pelage de toute trace de transpiration ou de boue avant de leur rendre leur liberté.

Le nettoyage

Annie nettoie soigneusement la bride de Mercure. Elle sait que monter à cheval impose des devoirs, par exemple prendre soin du matériel.

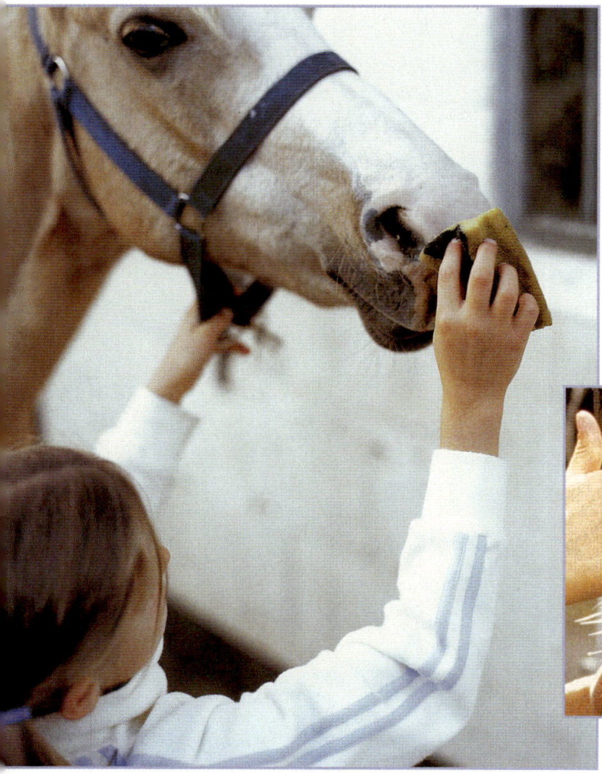

La toilette

Olivia essuie les yeux, les naseaux et la bouche de son poney avec une éponge spéciale, qu'elle doit ensuite rincer très soigneusement.

Comme tous les poneys, Vanille adore être caressé entre les naseaux. Le poil de son museau est doux comme de la soie.

Olivia frotte les flancs de son poney avec une étrille.

Chevaux et poneys ont bien travaillé.
Ils ont bien mérité de gambader librement dans leur enclos.

Un menu de sportifs

Les élèves sont ravis car, pour la première fois, ils vont pouvoir nourrir les poneys ! Les chevaux en liberté mangent de l'herbe, mais les chevaux de selle, qui fournissent un gros effort, doivent être nourris de façon spéciale. Ils ont droit à deux ou trois repas par jour.

Ce baquet est un peu lourd. Annie et Alexandra font bien attention à ne pas le renverser.

L'alimentation

Le menu des poneys et des chevaux de manège est établi avec le plus grand soin, en fonction de leur morphologie et de leurs besoins. Comme tout sportif qui se respecte, ils doivent rester en pleine forme.

Le foin est de l'herbe séchée, que l'on met en réserve pour l'hiver, quand les chevaux n'en trouvent plus dans la nature.

Vanille a bien mérité une petite friandise. Le foin est retenu par une grille, pour qu'il ne se répande pas sur le sol.

Un gros gourmand !

Les poneys aiment beaucoup les légumes frais. En tenant sa main bien à plat (précaution indispensable), Sam présente une carotte à Bertie.

Les marchands spécialisés vendent des produits diététiques qui complètent l'alimentation des chevaux.

croquettes spéciales

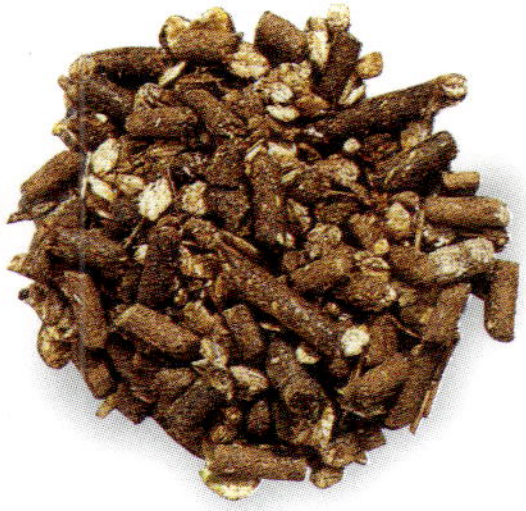

mélange de céréales

orge (à cuire)

betteraves sucrières (à tremper)

balle

(mélange de paille et de foin hachés, pour les fibres)

Une couverture jetée sur le dos de ce poney le protège du froid.

Soigner les chevaux

Les chevaux et les poneys ont besoin de soins permanents pour se sentir bien et pour rester en bonne santé. Ils doivent être nourris intelligemment, faire beaucoup d'exercice et surtout recevoir beaucoup d'amour ! Comme nous, certains sont plus fragiles, ils tombent malades ou sont victimes d'un accident.

Pauvre Boris !

Boris s'est blessé à la jambe, il boite ! Le vétérinaire lui a mis un solide bandage. Pas question de le monter, bien sûr, avant qu'il ne soit complètement rétabli.

Les guêtres

Les jambes du poney sont parfois protégées par des guêtres qui les empêchent de cogner l'une contre l'autre en courant ou en sautant des obstacles.

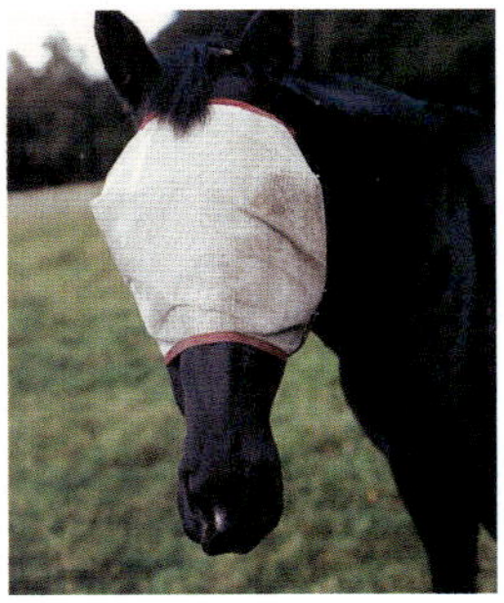

Hamlet est allergique aux mouches. Il porte un masque qui le protège des piqûres. Deux trous sont percés pour lui permettre de voir clair.

Apollon est encore plus sensible qu'Hamlet. Il doit porter une couverture spéciale, qui le recouvre presque entièrement.

Le travail à la longe

Pour entraîner les animaux qui n'ont jamais été montés, ou qui sont en convalescence, on les fait tourner autour du manège en les conduisant à l'aide d'une longe.

La piscine

La natation est aussi un bon moyen de remettre un cheval en forme après une blessure ou une maladie invalidante.

Des fers tout neufs !

Les sabots des chevaux et des poneys sont protégés par des fers, qu'il faut changer régulièrement toutes les six semaines. C'est le travail du maréchal-ferrant.

1 Enlever le fer usagé

2 Limer le sabot

3 Préparer le nouveau fer

4 Ajuster le fer

5 Clouer le fer

Ferrer un cheval est une opération sans douleur. Adam doit pourtant veiller à ne pas entamer la fourchette ni la partie tendre de la sole.

Jeux d'adresse

Il est très gratifiant pour un jeune cavalier de pouvoir faire la preuve de ses nouvelles capacités. Olivia et ses amis sont impatients de participer au gymkhana, un concours comportant des épreuves d'adresse et des jeux. Le gagnant remportera un « flot », cocarde qu'il pourra accrocher à la bride de sa monture.

Pas de perdant
Les enfants sont impatients de concourir. Ce qu'ils ne savent pas encore, c'est que chacun aura droit à une récompense.

La course semble serrée entre Olivia et Alexandra.

Olivia touche au but.

Accrocher la pince !

Pour cette épreuve, il s'agit de chevaucher vers un piquet et d'y accrocher une pince à linge, avant de revenir le plus vite possible à la ligne de départ. Le concurrent est jugé sur sa rapidité, sur son adresse, et sur la façon dont il maîtrise sa monture.

Bravo, Olivia, c'est très bien !

Olivia n'est plus très loin de la ligne d'arrivée. Voyons si Alexandra arrive à faire mieux.

Alexandra est en tête.

Mais Olivia prend l'avantage.

Olivia remporte l'épreuve.

Le jeu des fanions

Il s'agit cette fois pour chacun des concurrents de courir jusqu'au baquet et, sans s'arrêter, de laisser tomber le fanion qu'il tient à la main. S'il manque sa cible, il doit tout recommencer depuis le début.

« Les jeux avec mes copains, c'est super. Et aussi, on fait tous beaucoup de progrès. »
Olivia

Glossaire

A

Aides : moyens qu'utilise le cavalier (assiette, paroles, gestes du bras ou de la main, pression des jambes) pour communiquer avec sa monture et la guider.

Allures : rythmes naturels de déplacement d'un cheval (pas, trot, galop...).

Assiette : façon de s'asseoir correctement sur la selle, en maîtrisant son centre de gravité de façon à ne pas perdre l'équilibre.

B

Bombe : coiffure rigide munie d'une visière, parfois complétée d'une mentonnière, qui protège la tête du cavalier en cas de chute.

Bride : partie du harnais placée sur la tête du cheval, d'où partent les rênes.

C

Cravache : badine souple qui permet de stimuler un cheval.

D

Dressage : enchaînement de figures imposées qu'un cavalier doit faire exécuter à son cheval pour démontrer ses capacités.

E

Étriers : anneaux de métal rattachés à la selle sur lesquels reposent les pieds du cavalier.

G

Galop : (petit galop et galop de course) : allure du cheval, la plus rapide.

Garrot : point situé entre les épaules du cheval, à la limite de l'encolure.

Grandes guides : lanières attachées au mors et servant à diriger le cheval ou le poney en marchant à ses côtés.

Gymkhana : concours hippique comportant une série d'épreuves et de jeux d'adresse servant à évaluer les acquis des jeunes cavaliers.

J

Jodhpurs : culottes de cheval (pantalon resserré au mollet et dont les genoux et les mollets sont protégés par une pièce de cuir ou de tissu matelassé).

M

Maréchal-ferrant : forgeron spécialisé dans les soins des pieds des chevaux, la fabrication et la pose des fers.

Mors : pièce de métal solidaire des rênes que l'on glisse sur la barre (espace libre dans la bouche du cheval entre incisives et molaires) pour le diriger.

P

Pas : allure la plus lente d'un cheval.

Pommeau : partie avant de la selle, légèrement relevée.

R

Rênes : courroies fixées au mors du cheval, tenues en main par le cavalier.

S

Sangle : lanière de cuir servant à maintenir la selle en place.

Selle : siège de cuir que l'on place sur le dos du cheval.

Sellerie :
1. Ensemble des selles et des harnais.
2. Local où sont rangés ces équipements.

Sole : face inférieure du sabot.

Steeple (ou steeple-chase) : concours hippique comportant une série d'obstacles.

Style western : forme d'équitation pratiquée par les cow-boys, qui se servent de leurs chevaux pour rassembler les troupeaux ou pour organiser des spectacles de rodéo.

T

Trot : allure à deux temps du cheval, intermédiaire entre le pas et le galop. Pour le trot enlevé, le cavalier se soulève un temps sur deux. Pour le trot assis, plus difficile, il doit faire l'effort de rester en contact permanent avec la selle.

Troussequin : partie arrière de la selle.

Index

Remerciements

Les éditeurs tiennent à remercier les personnes dont les noms suivent pour avoir permis la réalisation de ce livre :

Nous sommes reconnaissants à Toby et Jennifer Greenbury, propriétaires du Centre équestre de Checkendon, Lovegrove's Lane, Checkendon, Reading RG8 0NE (www.checkendon.f9.c0.uk), pour nous avoir autorisés à prendre les photos qui illustrent ce livre.

Un grand merci à Linda Tarrant, directrice du Centre, pour son accueil chaleureux et son aide précieuse ; à Nikki Herbert, conseillère du Poney Club, pour son enthousiasme et ses réponses à nos questions ; aux futurs champions d'équitation que sont Alexandra, Annie, Nathalie, Olivia, Sam, Sophie et Tom ; au photographe David Handley et à son assistant, Anthony ; à Mary Atkinson pour son excellent travail de préparation de copie.

Un grand merci également aux chevaux et aux poneys, Vanille, Farandole, Bertie, Mercure, Danny, Artaban et tous les autres, que nous avons photographiés pour la plus grande joie de nos lecteurs, et qui se sont montrés très patients !